Wolfgang Losacker

Südsee · Cook Inseln

Allen Cook Insulanern zu eigen
in Dankbarkeit

Wolfgang Losacker

Als Sechsjähriger malte er in der Schule Palmenstrände am Meer zum Unverständnis seiner Lehrer. Die Romane Sommerset Maughams und die Bilder Gauguins erbrachten für ihn die Gewissheit, wo er leben und arbeiten wollte. Das Studium der Medizin ermöglichte ihm die Kontakte zu Menschen in aller Welt.

Nach der Facharztanerkennung für Innere Medizin und Kardiologie und dem Diplom für Tropenkrankheiten verdingte er sich als Volontär im Januar 1981 im Hospital von Rarotonga auf den Cook Inseln, und dort ist er noch heute.

„In Deutschland gibt es zu viele Ärzte", sagt er. „Hier auf den Cook Inseln sind die Menschen glücklich über meine Anwesenheit."

„Das ist der Sonnenschein in meinem Leben."

Wolfgang Losacker

Südsee
Cook Inseln

ISBN 978-3-88264-507-1

Gesamtherstellung und Vertrieb:
FELDHAUS VERLAG, Postfach 73 02 40, 22122 Hamburg
Printed in Germany

Inhalt

Das Paradies ist nicht ein Geschenk Gottes an die Menschen; sie müssen die innere Bereitschaft dafür in sich selbst bringen und daran arbeiten.
Erst dann, in harmonischer Vereinigung mit der Natur, kann es gelingen, einen Vorgeschmack davon auch hier auf der Erde zu finden.

Es ging eine Kokosnuß auf Reisen, und hier beschloß sie zu bleiben. Motu Toms, Palmerston.

Weiße Sandstrände, am inneren Rand des Korallenriffs gelegen, umsäumen die Lagune, mit Buschwerk und Kokospalmen bewachsen.

Jede dieser Palmen zeigt eine Individualerscheinung, und keine gleicht vollkommen einer anderen.
Die Insel Palmerston.

In diese Natur hinein erschuf Gott die Polynesier. Schulklasse beim Baden in der Lagune von Arorangi, Rarotonga.

Die Cook Inseln im Südpazifik

Ein Archipel aus 15 Inseln im schönsten Teil des Südpazifiks gelegen. Korallenriffe, die traumfarbene, blaugrüne Lagunen umschließen, in der Sonne gleißende Sandstrände, Kokospalmen, deren schattenspendende Blätter sanft in der Meeresbrise flüstern. Fische mit bunten Farben und Gesichtern, wie von Picasso gemalt, die dort zu spielen scheinen. Dazu ein azurblauer Himmel mit vielen weißen Schäfchenwolken.

Die Natur prägt die Menschen und die Menschen formen das Angesicht ihrer Umwelt in ihrem Sinne. Welch andere Geschöpfe hätte sie erschaffen können für die Südpazifischen Inselwelten als die Polynesier, und wie anders könnten diese Inseln mit ihnen ausschauen als gerade so?

Polynesier besitzen angeborenermaßen diesen wunderbaren, cognacfarbenen Teint, der die Sehnsucht nach der Sonne der Südsee wachruft.

Und sie strahlen freundliche Ruhe und Gelassenheit aus. Nervosität ist ihnen fremd, Hektik zeigt Erstaunen auf ihren Gesichtern und Streß Mitleid. Wohl deshalb sind sie ein Volk ohne Herzinfarkte.

Im Mittelpunkt: Die Kinder

Wird ein Kind geboren, so wird die Nachgeburt zurück in die Erde gebracht und darauf eine junge Kokospalme gepflanzt, deren Früchte dem neuen Leben gehören, es zu ernähren und zu beschützen. Die Milch und das Fleisch der jungen Kokosnuß sind keimfrei, nahrhaft, vitamin- und mineralreich und erfischend.

Die größte Zuneigung der Cook Insulaner gehört den Kindern, sie werden am meisten gehegt und gepflegt, entweder weil ihr Aussehen einfach dazu verführt oder dieses ist ein Ausdruck der vielen mitgeteilten Zärtlichkeiten, und es ist ein Phänomen, das jeden Besucher sofort verführt und in seinen Bann zieht.

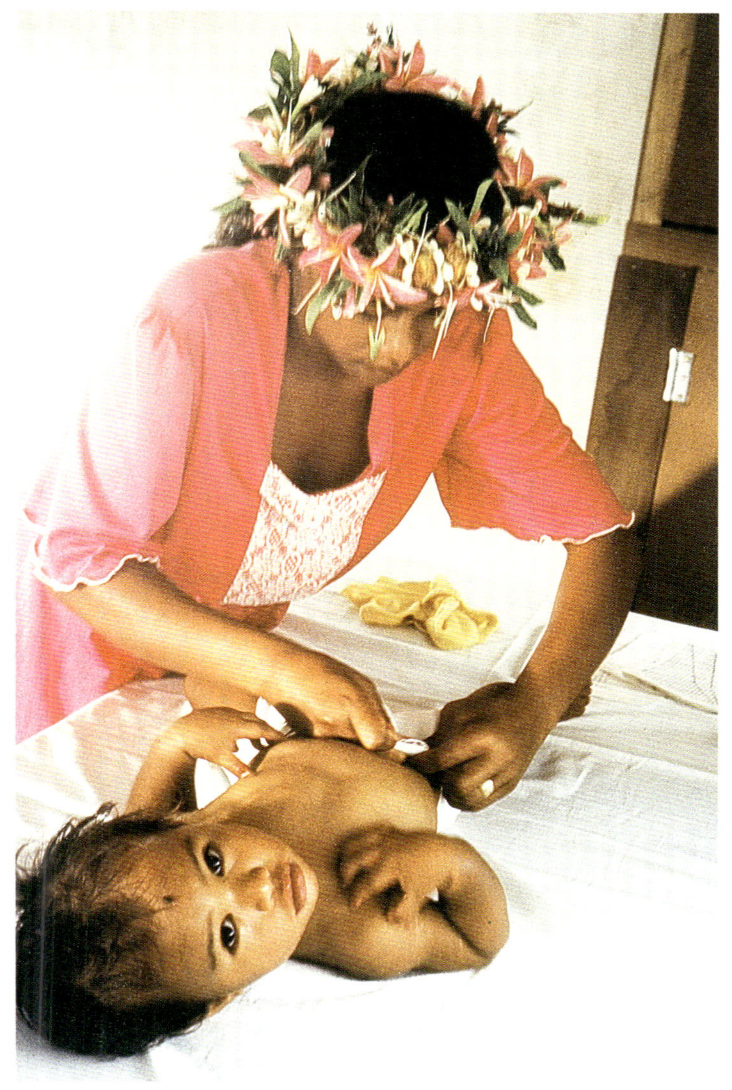

Babyschau in Mitiaro.

Es darf mit allen Fingern gegessen werden, und in dem Alter schmeckt das Essen eigentlich am besten, ohne Zwang oder Vorschriften, einfach zugreifen, sicher mit beiden Händen, und auch heute noch gehört das Essen mit den Fingern zur Kultur der Cook Insulaner.

Preisgekrönte Babys der Babyschau von Manihiki.

Ein unnachahmliches Lächeln. Puka Puka.

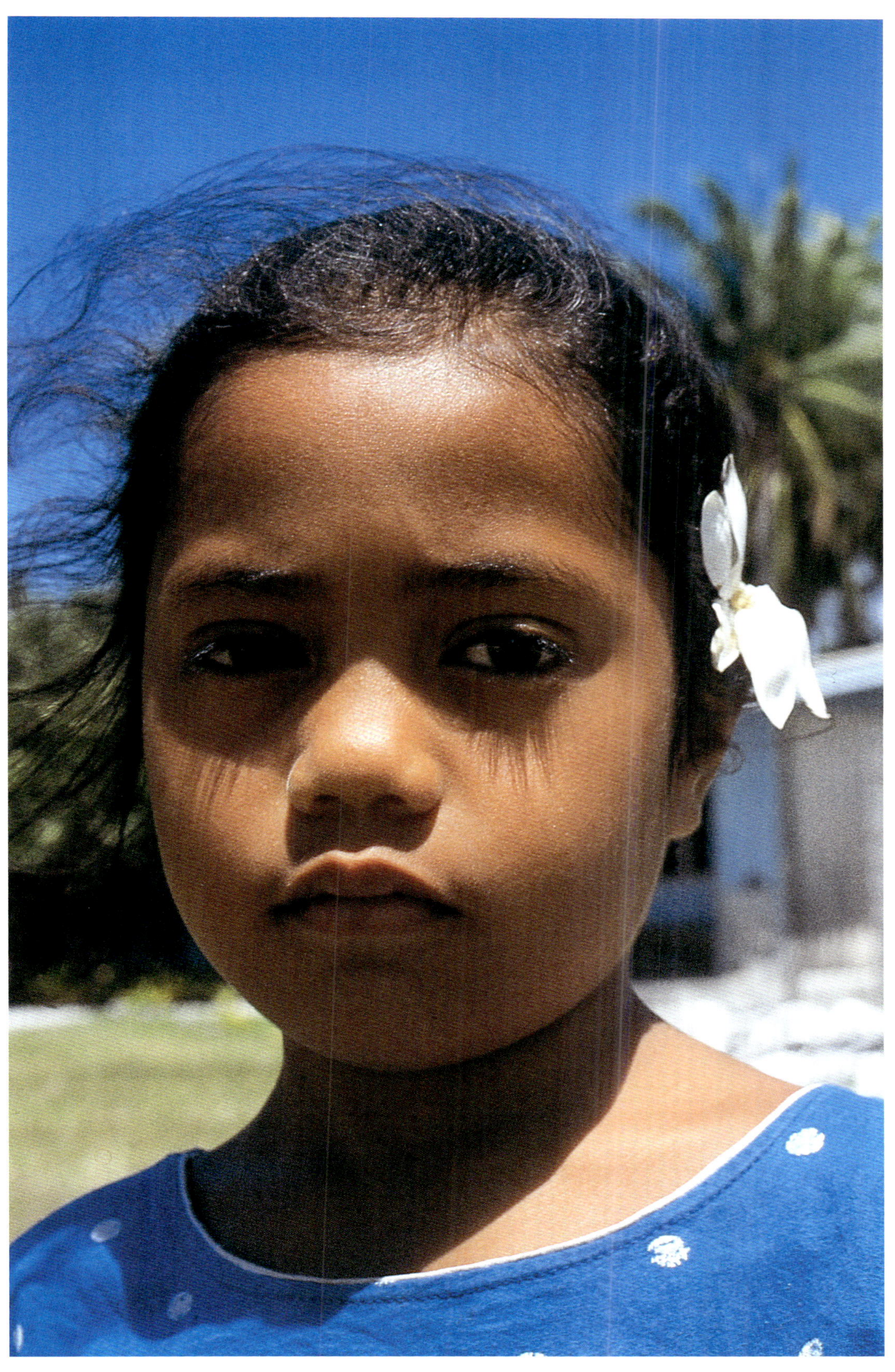

Seidige Wimpern,
eine Blüte im Haar,
Schmollmund.
Manihiki.

Spielstunde im Kindergarten von Puka Puka.

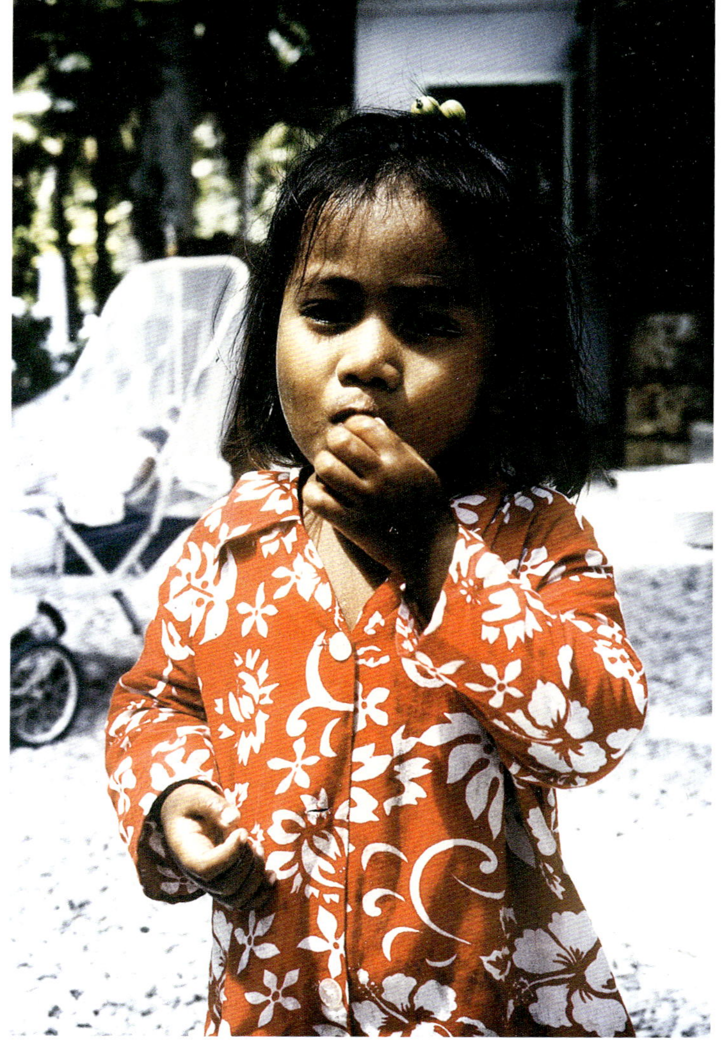

Kinder schauen Dich an. Puka Puka.

Im Alter von drei Jahren gehen die Kinder in einen Kindergarten, Preschool genannt, und für Fünfjährige beginnt die richtige Schule mit Schuluniform und allen Pflichten.

Heute kocht Metua für die ganze Familie. Puka Puka.

Schulpause auf Rakahanga: die Kinder auf dem Boden und die Lehrerin auf dem Tisch.

Verkauf von Früchten auf dem Schulhof der Grundschule in Aitutaki für den Schülerfonds.

Aber es gibt auch Abwechslung: z.B. alle Jahre wieder eine Schuluntersuchung, und wenn der Doktor kommt, sind sie ersteinmal sehr gespannt, was nun alles geschehen wird. Es dauert lange, besonders das Warten. Dann wird abgehorcht auf Herz und Lunge. Und Spaß macht es wiederum auch, denn man darf sich schmücken, mit Blumen bekränzen, und auch der Toate, der Doktor, liebt die Blumen. Es ist interessant, dabei zuzuschauen, und es gibt so viel zu erzählen und auch zu lachen.

Auf Aitutaki ist jeden Freitag in allen Schulen der Blumenschmuck die Feier des Tages. Die Schuluniform bleibt daheim.

Auf Herz und Lunge. Schuluntersuchung auf Aitutaki.

Schulpause in Manihiki.

Nach der Diagnostik die Therapie: Tabletteneinnahme, Haarewaschen, Zähneputzen. Früher gab es gesunde Ernährung: Fisch und Taro, und die Zähne wurden mit den Fasern der Kokosnußschalen geputzt. Heute ißt man auch die europäische Kost, und die Zahnpflege wurde vergessen; also Unterricht.

Der Strand der Schule in Puka Puka.

Glücklicherweise liegen die meisten Schulen an einer Lagune, und das Salz des Meeres ist die beste Zahnpaste. Zahnputzunterricht am Schulstrand von Rakahanga.

Schulunterricht am Mikroskop. Puka Puka.

Und dann endlich
nach all' der Arbeit ...

Schulkinder von Puka Puka sehen ihren ersten Videofilm: Moby Dick, der große, weiße Wal.

Was machen die Kinder nach der Schule? Einfach im Wasser liegen und es sich gut sein lassen, Wellenreiten mit dem Körper, Bodysurf genannt, oder auch auf einem beliebigen Stück Holz.

Surfen in der Riffbrandung auf Puka Puka.

Man kann sich auch einen jungen Vogel fangen, ihn lieb haben und füttern, bis er groß ist und fliegen lernt, aber auch dann noch gelegentlich zurückkommt und einen beim Fischen begleitet.

Einen jungen Tölpel mit nach Hause nehmen und großziehen.

Woher und wie die Polynesier kamen, weiß man nicht genau, ob vom Osten oder Westen, über das Meer oder auf Landbrücken, aber wahrscheinlich waren sie schon immer große Seefahrer. Sie errichteten ihre Hütten am Strand zwischen den Palmen mit dem Blick auf ihr geliebtes Meer mit all seinem und ihrem Reichtum, den kleinen und großen Fischen, Muscheln, Krabben, Seeigeln und anderem Getier. Sie bauten Boote, um Fische fangen zu können, größere Boote, um den Pazifik zu befahren und andere Inselreiche zu entdecken und zu bevölkern. Marais, Heiligtümer und Statuen, um bei ihren Göttern um Gnade zu bitten und sich für all den Segen der Natur zu bedanken. Später kamen die Missionare und erzählten ihnen von dem einen großen Gott, und sie bauten Kirchen und huldigten auch ihm.

Mit den Missionaren traf sie die Zivilisation mit ihren guten und schlechten Einflüssen und Herausforderungen; die Außenwelt rückte näher und drang ein, vereinfachte vieles aber brachte auch neue Leiden für die Natur und die Menschen. Sie wehren sich, sie adoptieren und sie kämpfen.

Wer sie anschaut, sie beobachtet mit offenen Augen, sich mit ihnen auseinandersetzt, den wird die besondere Schönheit dieser Natur und die unverdorbenen Eigenheiten dieser Menschen für immer in seinen Bann schließen. Sommerset Maugham sagte: „Wenn sie Polynesien erlebt haben, kommen sie wieder oder sie werden sich ein Leben lang danach zurücksehnen."

Die Familie

Während auf der Hauptinsel Rarotonga die meisten Häuser schon modernen Baustil zeigen, findet man besonders auf den nördlichen Atollinseln noch Siedlungen aus Palmen und Pandanus wie zu den Zeiten, als Kapitän James Cook hier landete.

Für jede Familie drei Häuser: zum Wohnen, zum Schlafen und als Bad. Und es sind Großfamilien, die in früheren Zeiten im Durchschnitt zehn Kinder erzogen. So ist fast jeder mit jedem über so und so viele Ecken verwandt. Ein großer Vorteil, wenn man Hilfe braucht oder auch bei Besuchen auf den anderen Inseln, und bei Hochzeiten und Beerdigungen ist man dann fast immer dabei. Der Nachteil daran: Es wird teuer für den Veranstalter.

Familienleben auf Puka Puka.

Was braucht ein Mann mehr als ein Haus unter Palmen und eine Vahine, die ihn liebt und ihn bittet zu bleiben: „Wir haben doch alles hier, unser Haus und noch einen Ferienbungalow auf dem Motu mit Bananen und Papaya im Überfluß. Ich besorge das Feld und die Hausarbeit, die Kinder bekomme ich auch und erziehe sie, und du erntest Kokosnüsse und gehst fischen."

Ein Haus unter Palmen und eine Vahine. Puka Puka.

Gemütlichkeit eines Dorflebens in Tauhunu auf Manihiki.

Tagesverlauf auf Puka Puka.

Die Kinder helfen dabei, die reifen Kokosnüße auf dem Motu zu sammeln, sie zu schälen, zu öffnen und in der Sonne auszubreiten. Das getrocknete weiße Fleisch wird als Kopra nach Übersee verkauft und zu Öl, Kosmetika und Kokosflocken für das Weihnachtsgebäck verarbeitet. Kokospalmen waren lange Zeit der Reichtum und eine der Haupteinnahmequellen der Polynesier.

Trockenspeicher für Kokosnüsse auf Puka Puka.

Eine besondere Lieblingsbeschäftigung ist das Essen, Kaikai genannt oder Umukai, das Festessen, und für Polynesier ist jedes Essen ein Fest. Kaum ein Volk wird so von der Natur verwöhnt wie sie, mit so vielen leckeren Köstlichkeiten, die ihnen buchstäblich in den Mund wachsen wie im Schlaraffenland. Taro, Puraka, Manioka und Rukau; Papaya, Mangos, Ananas, Orangen, Mandarinen, Pistazien; Soursop und Fische, Muscheln und Krebse aus der Lagune und dem Meer nicht zu vergessen. Für besondere Gelegenheiten wird ein Schwein geschlachtet. Ihre Tafeln sind bei Festen so überladen, daß man vor oder nach der Mahlzeit kaum einen Unterschied erkennen kann und es ist genug vorhanden, für alle zu Hause noch reichlich mitzunehmen.

Vor oder nach dem Essen gibt es Begrüßungsansprachen, lange Tischgebete, Vorstellungen der Gäste und dann Witze und Erzählungen: Die hübschesten Mädchen der feindlichen Stämme wurden von den Menschenfressern früherer Zeiten verschont und stattdessen geheiratet, so erklärt sich die besondere Schönheit der Cook Insulanerinnen.

Freude am Essen. Mitiaro.

Bewirtung der Gäste auf Puka Puka. Junge Mädchen fächeln kühle Luft, und dazu spielt eine Musikkapelle.

Kartenspiel nach Feierabend auf Puka Puka.

Abendstimmung mit Kartenspiel auf Palmerston.

Bei den Polynesiern werden das Alter und der Tod als natürliche Ereignisse im Leben eines jeden Menschen akzeptiert, genauso wie Geburt und Hochzeit. Beerdigungsfeierlichkeiten vor der Kirche von Avarua. Rarotonga.

Jedes Jahr zu Allerheiligen am 1. November werden auf den katholischen Friedhöfen die Gräber mit Blumengirlanden geschmückt. Selbst namenlose Grabstätten werden so verehrt.

Die Lebenden gedenken der Verstorbenen. Friedhof in Arorangi. Rarotonga.

Die Atolle

Im Meer versunkene Vulkane, auf deren Kraterrändern Korallen wachsen, bis an die Wasseroberfläche, die Wellen Sand anlagern, auf dem sich Palmen ansiedeln und so flache Inseln sich bilden, Motus genannt, die die Lagune wie eine Perlenkette umschließen.

Jede dieser Lagunen reflektiert das Sonnenlicht in unterschiedlichen Farbtönen, bedingt durch die Bodenbeschaffenheit, Tiefe und Algenflora, und die Intensität dieser Farben variiert je nach Tages- und Jahreszeit. Selbst das Licht des Mondes und der Sterne ruft in einigen dieser Lagunen noch bei Nacht die erstaunlichsten Farbspiele hervor. Und der Himmel ist voller Sterne, nirgendwo leuchtet die Milchstrasse klarer und schöner als hier, vom Orion bis zum Kreuz des Südens.

Die Atollinsel Manihiki.

Außenriff und Lagune der 15 x 22 km großen Atollinsel Penrhyn.

Die Nordwest-Riffpassage Penrhyns.

Segelboote auf der Lagune von Palmerston.

Galionsfiguren auf einem Inselschoner.

Schmaler Riffeinlaß, nur für kleine Fischerboote passierbar.

Mit einem Schlauchboot durch die Riffeinfahrt von Puka Puka.

Der Inselschoner „Manuvai“ beim Ausladen vor Rakahanga. Die Riffpassage ist nicht tief genug und der Hafen zu klein, so müssen alle Personen und Güter mit kleinen Booten an Land gebracht werden.

Willkommensgruß der Inselbewohner von Palmerston.

Das Wohnhaus des Doktors im Dorf Omoka auf Penrhyn.

Meer und Lagune

Das Meer und die Lagune sind reich an einer Mannigfaltigkeit von Seegetier: Fische, Muscheln und Krebse verschiedenster Arten, nahezu alle sind eßbar und sehr wohlschmeckend.

Angefangen mit der Pahua, der Mördermuschel. Sie wächst am Riff und in einigen Lagunen zu tausenden, und der gewellte Saum ihrer Öffnung leuchtet in den buntesten Farbschattierungen.

Fischen kann man in den Spalten des Korallenriffs oder auf dem hohen Meer; am besten am frühen Morgen oder bei Sonnenuntergang. Vogelschwärme weisen den Fischern den Weg. Geradezu Wolken von weißen Seeschwalben oder Tölpeln lassen sich von hoch oben senkrecht ins Wasser fallen. Sie jagen den Schwärmen von kleinen Fischen nach, und im Meer sind es wiederum die Tunfische, Bonitos und Doraden, die ihnen folgen und diesen wiederum die Segelfische, Marlins und Haie. Wenn man Glück hat, den richtigen Haken und Köder daran, fängt man einen oder viele.

Sonnenaufgang über der Lagune von Penrhyn.

Traumstille Lagune von Rakahanga.

Abendstunde auf einem Motu. Rakahanga.

Pahua-Muscheln in der Lagune von Manihiki.

Schnorcheln in der Lagune von Penrhyn.

Papa fischt auf dem Riff von Palmerston.

Seeschwalben auf einer Perlenfarm in der Lagune von Manihiki.

Junger rotschwänziger Tropenvogel im Nest. Palmerston.

Beute eines morgendlichen Fischzuges auf Penrhyn.

Lagunenhaie balgen sich um die Reste beim Ausnehmen der Fische. Lagune von Penrhyn.

Eine herkömmliche Art zu fischen gibt es noch auf der Insel Palmerston. Trockene Blätter der Kokospalmen werden zu einer langen Kette zusammengebunden und in der Lagune halbkreisförmig ausgebreitet. Stockschläge auf die Wasseroberfläche treiben die Fische in dieses Netz hinein. Es wird engergezogen und zu einem Ring geschlossen. Nun kann der Fang einzeln oder auch mit geflochtenen Netzen herausgenommen und in die Boote geladen werden.

Papageienfische in unterschiedlichen Farbschattierungen.

In den Höhlungen der Korallen, die bis an die Oberfläche der Lagune reichen, wohnen Langusten. Aber Vorsicht beim Hineingreifen, denn auch Moränen lieben diese Behausungen, und sie besitzen große Mäuler und sehr scharfe Zähne. Es ist besser, eine Harpune bei sich zu haben.

Joani beim Langustenfischen in der Lagune von Manihiki.

Kokosnußkrabben schmecken noch besser als Langusten und sind besonders willkommen, wenn es in der Hurricansaison mal sehr stürmt. Sie wohnen in Erdlöchern, kommen meistens nur nachts heraus und können mit ihren großen, kräftigen Zangen reife Kokosnüsse aufknacken, von derem weißen Fleisch sie sich ernähren. Dieses ergibt ihren köstlichen Geschmack. Motu Ko, Puka Puka.

Von den Muscheln in der Lagune ist die sogenannte Pipi die von jeher beliebteste. Sie wächst nur bis zu einer Größe einer Kinderhand heran, aber bei gelegentlichem Eindringen eines Sandkornes bilden sich in ihrem Inneren die schönsten Perlen bis zu einem Gewicht von 2 Karat Größe und von goldenem Glanz. Es gibt sie nur noch auf den weiten Korallenstöcken in der großen Lagune von Penrhyn, und wenn man auf der Oberfläche über diesen Korallen entlangschnorchelt, reflektieren die Perlen in der zur Nahrungsaufnahme geöffneten Muschel die Sonnenstrahlen. Heutzutage zählen diese goldenen Naturperlen zu den kostbarsten Raritäten in der Südsee.

Riesige Korallenfelsen aus der Tiefe der Lagune von Penrhyn emporkommend, auf denen die Pipimuscheln mit ihren goldenen Naturperlen wachsen.

Apii, mit einer goldenen Perle in der Pipimuschel.

Der Perlschatz eines Tauchers von Penrhyn, die goldene Naturperle der Pipimuschel.

Perlmuscheln mit darin wachsenden Perlen in ca. sechs Metern Tiefe an Seilen in der Lagune von Manihiki.

Perlenfarm in der Lagune von Manihiki. Von diesen Korallenfelsen gehen die Leinen mit den daran hängenden Perlmuscheln sternförmig in alle Richtungen aus.

Perlenfarm als Heim einer Großfamilie mit Wohnhaus, Palme, Sonnenkollektoren und Tiefkühltruhe auf einem Korallenfelsen in der Lagune von Manihiki.

Schwarze Perlen werden gelegentlich von der Natur in einer größeren Muschel, die man Mutter der Perle nennt, geschaffen. Sie besitzt einen schwarzen Perlmuttsaum, und ein hier eingebrachter Fremdkörper, Nucleus genannt, kann sie dazu bringen, diesen mit Perlmut zu umgeben und so eine schwarze Perle zu bilden. Das richtige Einpflanzen dieser Nuclei gilt als eine besondere Kunstfertigkeit, denn die Muschel ist darauf bedacht, alle Fremdkörper auszustoßen.

Heute gibt es Perlfarmen in den Lagunen von Manihiki und Penrhyn, in denen Perlmuscheln mit eingepflanzten Nuclei an Seilen in 6 bis 20 Metern Tiefe hängen. Je nach Farbe des Perlmutts der einzelnen Muschel besitzt auch jede Perle ihre ganz eigene Färbung und Glanz von rötlich bis olivgrün schimmernd. Perlfarmen gibt es in allen Größen, und auf manchen leben die Farmer ganzjährig und autark. Je mehr diese Muscheln gepflegt und ihre Schalen von darauf wachsenden Algen befreit werden, umso gleichmäßiger und wertvoller gedeihen ihre Perlen.

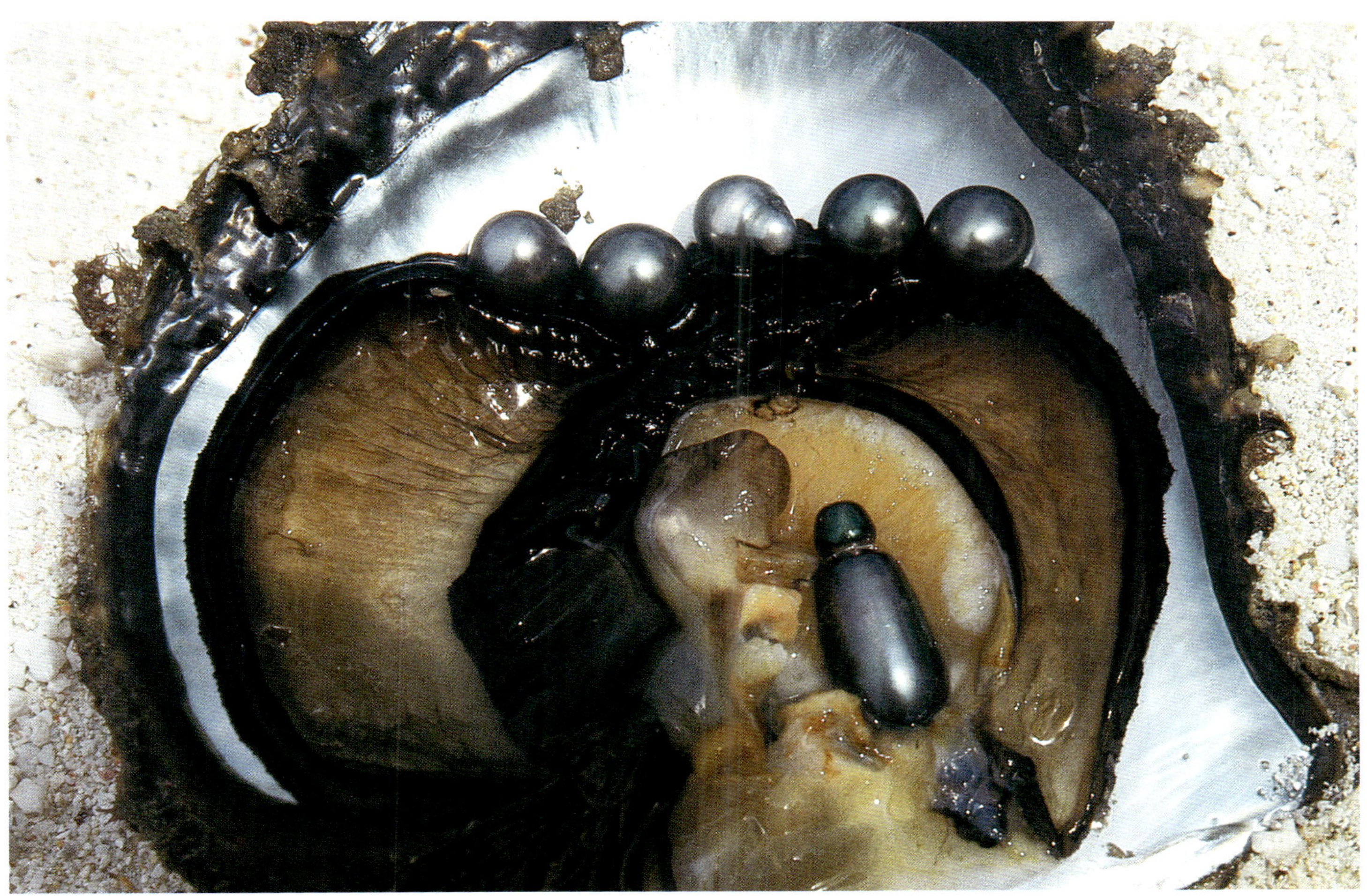

Schwarze Zuchtperlen in einer Perlmuschel. Manihiki.

Joan, mit einer Kette aus schwarzen Zuchtperlen von Manihiki.

Feste, Blumen, Musik und Tanz

Am beliebtesten bei den Cook Insulanern sind Feste, verbunden mit Blumen, Musik, Tanz und köstlichen Speisen. Die einfachste und doch sehr dekorative Art für Damen, sich festlich zu kleiden, ist der Pareo, ein buntes Tuch, mit den unterschiedlichsten Mustern und Farben versehen, und in vielen Variationen um den Körper geschlungen. Als Schmuck dienen die Tiare, die Blüten aller Gattungen und Farbschattierungen: Frangipani, Gardenia oder auch Tiare Maori genannt, Allamanda, Jasmin, Bougainvillea, Ixora, Rosen und Orchideen. Praktisch eignen sich fast alle dazu, aus ihnen Kränze, Eis genannt, um den Hals und für den Kopf zu flechten. Dabei erweisen sich die Cook Insulaner als wahre Künstler. Aber auch das Grün einiger Blätter dient zu solcher Art Dekoration. Blüten erblühen hier jeden Tag aufs neue und das ganze Jahr hindurch, manche, wie z.B. die Hibiskus, nur für einen Tag und diesen wollen sie erleben, einfach hinter das Ohr gesteckt oder als Teil eines Eis.
Die Höhepunkte jedes Jahres bilden das Tiare Festival im November mit einem Umzug, mit tausenden von Blüten geschmückt, der Wahl einer Blumenkönigin, Musik und vielen Tänzen, sowie auch die Woche der Konstitutionsfeierlichkeiten Anfang August.
Blumeneis werden geflochten als Willkommensgruß oder auch zum Abschied, und liebe Gäste werden reich damit verziert bei allen Festlichkeiten.

Der Flammenbaum, auch Weihnachtsbaum der Südsee genannt.

Goldregen und Bougainvillea auf Rarotonga.

Herstellung von Pareos mit Ornamenten der Blätter einheimischer Pflanzen. Rarotonga.

Mama auf einer Fahrt über die Lagune von Manihiki.

„Princess“ von Palmerston.

Modenschau auf Rarotonga.

Auf einer Modenschau im „Rarotonga Hotel". Rarotonga.

Schulmädchen beim Schwänzen mit Blütenketten der Tipani auf der Lagune von Puka Puka.

Geschmückter Wagen beim Tiare Festival auf Rarotonga.

Die Blumenkönigin vom Tiare Festival. Rarotonga.

Blumenwagen beim Umzug während der Tiare-Woche im November. Rarotonga.

Miss Tiare und der Gott Tangaroa.

Tanz auf dem Wagen während der Konstitutionswoche im August. Rarotonga.

Tanz während der Tiare-Woche im „Manuia Beach Hotel“. Rarotonga.

Bewerberinnen für die Wahl der Miss Tiare stellen sich vor. Rarotonga.

Tänzerinnen auf einem Schulfest in Puka Puka.

Musik und Tanz auf einem Umzugswagen während der Konstitutionsfeierlichkeiten im August. Rarotonga

Auslegerkanu mit Dame auf einem Umzug. Rarotonga.

Tanzgruppe auf einem Umzugswagen.

Und die Musik fährt mit. Rarotonga.

Die wohl bezauberndste Begabung der Cook Insulaner ist der Tanz zur Musik ihrer Trommeln und ihrem Gesang, Tamure genannt. Kinder lernen Tanzen, bevor sie laufen können, und sie tanzen nicht nur auf der Bühne, sondern durch das ganze Leben.

Ihre Kostüme unterstreichen die Anmut der Körper: Dunkles, volles, kräftiges Haar bis zur Taille reichend, den Busen mit einer halben Kokosnußschale bedeckt, zum Takt der Trommeln schwingende Hüften, umrahmt von den grünen Blättern der Ti-Pflanze, eine Blütenkrone auf dem Kopf und das unnachahmliche Lächeln einer Südseeschönheit, deren Charme schon die Meuterer auf der „Bounty" verführte. „Vahine Rarotonga", singen sie, Mädchen von Rarotonga.

Die Tänzer mit Baströcken aus den Blattfasern der Kokospalmen bekleidet und ebensolchen Kopfkronen. Sie tragen Muschelketten auf der nackten Brust. Mit ihren Tänzen erzählen sie Geschichten von Liebe und Tod, von der Entdeckung neuer Länder, von Legenden und besonderen Ereignissen. Zum Beispiel die Legende von Ru, der auf Avaiki lebte, dem heutigen Raiatea in Französisch-Polynesien, und dann mit seiner Familie aufbrach in einem Kanu, das er „Te Puaariki" nannte. Eine lange Reise über den großen Pazifik mit vielen Stürmen, bei denen sie alle zum Gott Tangaroa um Hilfe beteten, bis er sie zu der Insel Aitutaki führte. Eine andere Legende berichtet von den Kanus, die vor fast siebenhundert Jahren Rarotonga verließen, um das Land Aotearoa, das Land der langen weißen Wolke, zu entdecken, das man heute Neuseeland nennt.

Andere Tänze handeln von Liebesgeschichten und Eroberungen oder schildern Abenteuer beim Angeln mit Rute und Netz. Tänzer mit Speeren suchen auf der Bühne nach Fischen, als ob sie durch eine Lagune waten würden; die Mädchen folgen ihnen mit Körben, bereit die Fische zu übernehmen. Aber nichts ist gefangen worden, und sie machen sich über die Fischer lustig und verlachen sie. Die Tänzer greifen zu den Netzen, werfen sie aus, und es endet damit, daß die hübscheste der Tänzerinnen sich in ihren Netzen verfängt.

Alles beginnt mit einer Herausforderung: Ein Tänzer in vollem Kriegsschmuck betritt die Bühne, seinen Speer schwingend: Turo, Turo, Turo; Oromai, Oromai; willkommen, kommt näher. Die Trommeln schlagen schneller, und er beginnt zu tanzen, seine Kniee schwingen im Stakkato hin und her, und seine großen nackten Füße schlagen den Boden so, wie die Trommelstöcke das Holz, und mit einem mächtigen Sprung nach vorne richtet er seinen Speer direkt auf „Sie".

Blumenkronen im Haar, der Glanz der Augen …

Der sanfte Blick ...

Der ausdrucksvolle Mund, die zarten Bewegungen ihrer Hände …

Die verlockenden Brüste …

Der Schwung ihrer Hüften …

Das alles verzaubernde Lächeln …

Und dann wissen Sie, daß es nichts Begehrenswerteres auf der ganzen Welt gibt als eine Vahine Rarotonga.

Urlaub im Paradies

Empfang der Gäste mit Blumenkronen und Ketten.

Fahrt zum „Akitua Resort Hotel“ von Aitutaki.

Auf einer Sandbank vor dem Motu „One Foot“ auf Aitutaki.

Eine Insel für sich alleine. Ein Motu auf Manihiki.

Die Insel Palmerston.

Auf einem Motu in Aitutaki.

Wenn es schon einmal regnen sollte, na und? Das Meer ist wie eingefangener, flüssiger Sonnenschein und die Inseln sind noch grüner und schöner als vorher. Mensch und Natur erholen sich von der Sonnenglut.

Auf einer Spazierfahrt über die Lagune von Aitutaki.

Ein Tag wie viele andere auf der Lagune von Aitutaki.

AQUASPORTS
yachting supplies
DOUBLE TROUBLE
Windrush

Der Segelklub an der Muri Beach auf Rarotonga.

Mit dem Microlyte über die Motus der Lagune von Muri. Rarotonga.

Und hier scheint die Zeit stillzustehen. Auf einer Sandbank in der Lagune von Aitutaki.

Schatz

Sie gingen Hand in Hand über die Sandbank, die sich vor dem Strand der Insel weit in die Lagune hinaus erstreckte, und ihre nackten Füße gruben sich in den losen Sand ein. Die Sandbank war fast rund und in ihrer Mitte entdeckten sie einen leuchtend roten Einsiedlerkrebs, der ein großes Schneckenhaus auf seinem Rücken trug.

„Scheint der einzige Bewohner dieser Insel zu sein," sagte er.

Dann durchwateten sie eine seichte Stelle und hier schloß sich eine neue Sandbank an, die schmaler und noch weißer als die erste vor ihnen lag. Ihr Strand fiel zur Mitte der Lagune hin steil ab, und hier tauchten sie ins Wasser und es fühlte sich frisch und herrlich kühl an nach der heißen Mittagssonne, die auf ihre Haut gebrannt hatte.

„Ich habe einen Schwarm Fische gesehen, direkt vor mir, ich konnte sie fast berühren," sagte sie, und sie tauchten tiefer hinab, dorthin, wo das Wasser noch kühler wurde, und wenn sie nach oben schauten, sahen sie das Blau des Lagunenwassers und die Oberfläche, die den Himmel widerspiegelte, und die weißen Wolken schwammen darauf. Die leichte Strömung zeichnete feine Schlieren, und dann verschwamm das Blau und das Weiß, und sie tauchten tiefer hinab, bis sie den feinen Sandboden mit der Hand berühren konnten.

Später ruhten sie ausgestreckt auf der Sandbank, und die gleißende Sonne bräunte ihre Haut.

Als die Regenwolke über sie hinwegzog und sich wie ein Wasserfall auf sie ergoß, deckte er sie mit seinem Körper zu, daß ihr nicht kühl wurde. Dann schien die Sonne noch stärker zu brennen, und der Sand, auf dem sie lagen, hatte bei Ebbe Rillen wie Wellentäler im Meer.

„Komm," sagte er, „wir wollen im Kanal zwischen den Motus nach Muscheln tauchen und sie am Strand auf einem Feuer backen, bevor die Sonne untergeht."

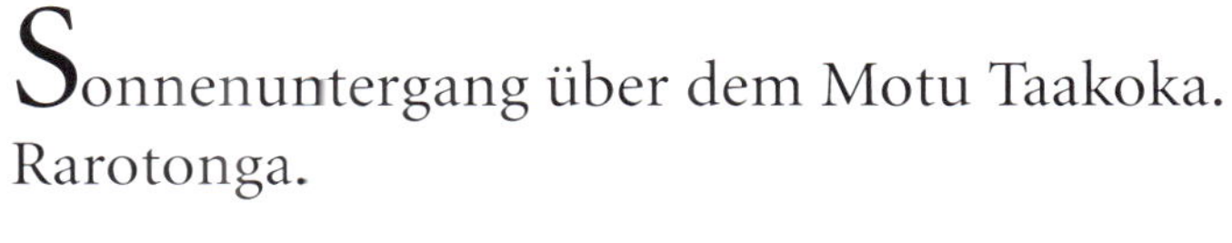

Sonnenuntergang über dem Motu Taakoka.
Rarotonga.

Sonnenuntergang über der Lagune von Penrhyn.

Sonnenuntergang auf Manihiki.

Nachlese

Die paradiesische Natur und die innig mit ihr verbundenen, wunderbaren Menschen der Cook Inseln bescheren dem Besucher immer neue, unvergessliche Eindrücke – auf den folgenden Seiten eine kleine Auswahl, die ich aus Anlass der Neuauflage meines Buches ausgewählt habe.

Lebende Korallenriffe schützen die palmenbewachsenen, weißen Sandstrände, türkisfarbene Lagunen und endlosen Sandbänke.

Mein erster Schultag. Wir lernen aus Palmenblättern Körbe, Hüte und Matten zu flechten.

In der Pause putzen wir uns die Zähne im klaren Wasser der Lagune.

Wir lernen Tanzen.

Im Frühling feiern wir das Blumenfest.
Ich werde zur „Miss Tiare“,
der Blumenkönigin gewählt.

Noch immer werden auf den Cook Inseln Feste gefeiert mit vielen wunderschönen Polynesierinnen,

... und dieser Tanz
ist der künstlerische
Ausdruck ihrer
Liebe fürs Leben.

Zur Trauung werde ich auf der Hochzeitsinsel vom Boot an Land getragen. Meine Brautjungfer hält den Brautstrauß.
Der Pfarrer traut uns: „Von nun an die Zweisamkeit“, erklärt er, „jeder Vogel braucht zwei Flügel, um fliegen zu können, was wäre er ohne sie beide?“
Wir pflanzen eine Kokospalme, auf daß ihre Nüsse unsere Kinder tränken mögen.

Und die Verabschiedung, wenn man geht, mit vielen pesönlichen Geschenken von den Familien, unsagbar herzlich und ergreifend.

air new zealand

International Routes

Sector Flight Times & Distances

	Hrs/Mins	Kms	StMiles
Apia to:			
Auckland	420	2892	(1797)
Honolulu	515	4196	(2607)
Wellington	455	3313	(2059)
Auckland to:			
Apia	350	2892	(1797)
Brisbane	330	2295	(1426)
Cairns	535	3617	(2247)
Denpasar/Bali	920	6735	(4185)
Fukuoka	1130	9090	(5648)
Hong Kong	1115	9144	(5682)
Honolulu	845	7086	(4403)
Los Angeles	1200	10479	(6511)
Melbourne	400	2635	(1637)
Nadi	305	2157	(1340)
Norfolk Island	155	1091	(678)
Noumea	255	1859	(1155)
Nuku'alofa	245	2003	(1245)
Osaka	1130	8953	(5563)
Papeete	445	4091	(2542)
Perth	740	5332	(3313)
Rarotonga	345	3013	(1872)
Seoul	1205	9639	(5989)
Singapore	1115	8404	(5222)
Sydney	325	2159	(1342)
Taipei	1140	8884	(5520)
Tokyo	1055	8831	(5487)
Bangkok to:			
Brisbane	915	7282	(4525)
Singapore	210	1443	(897)
Sydney	910	7538	(4684)
Brisbane to:			
Auckland	310	2295	(1426)
Bangkok	935	7282	(4525)
Christchurch	320	2494	(1550)
Osaka	905	7155	(4446)
Seoul	1005	7720	(4797)
Taipei	900	6758	(4199)
Wellington	320	2509	(1559)
Cairns to:			
Auckland	425	3617	(2247)
Christchurch to:			
Brisbane	345	2494	(1550)
Hobart	320	2024	(1258)
Melbourne	345	2412	(1499)
Nadi	400	2897	(1800)
Sydney	310	2124	(1320)
Denpasar/Bali to:			
Auckland	755	6735	(4185)
Singapore	225	1678	(1043)
Frankfurt to:			
Los Angeles	1145	9314	(5787)
Fukuoka to:			
Auckland	1100	9090	(5648)
Christchurch	1145	9828	(6107)
Hobart to:			
Christchurch	245	2024	(1258)
Hong Kong to:			
Auckland	1030	9144	(5682)
Honolulu to:			
Apia	525	4196	(2607)
Auckland	920	7086	(4403)
Los Angeles	520	4106	(2551)
Nadi	650	5103	(3171)
Nuku'alofa	650	5087	(3161)
Rarotonga	600	4730	(2939)
Toronto	845	7465	(4639)
Vancouver	520	4350	(2703)
London to:			
Los Angeles	1110	8753	(5439)
Los Angeles to:			
Auckland	1245	10479	(6511)
Frankfurt	1115	9314	(5787)
Honolulu	545	4106	(2551)
London	1020	8753	(5439)
Papeete	800	6607	(4105)
Sydney	1440	12053	(7489)
Melbourne to:			
Auckland	320	2635	(1637)
Christchurch	320	2412	(1499)
Wellington	330	2590	(1609)
Nadi to:			
Auckland	305	2157	(1340)
Christchurch	415	2897	(1800)
Honolulu	625	5103	(3171)
Nagoya	925	7273	(4519)
Rarotonga	305	2412	(1499)
Seoul	1025	8108	(5038)
Tokyo	840	7111	(4419)
Wellington	345	2631	(1635)
Nagoya to:			
Nadi	900	7273	(4519)
Norfolk Island to:			
Auckland	140	1091	(678)
Noumea to:			
Auckland	230	1859	(1155)
Nuku'alofa to:			
Auckland	305	2003	(1245)
Honolulu	625	5087	(3161)
Osaka to:			
Auckland	1055	8953	(5563)
Brisbane	910	7155	(4446)
Christchurch	1135	9472	(5886)
Papeete to:			
Auckland	550	4091	(2542)
Los Angeles	750	6607	(4105)
Rarotonga	200	1142	(710)
Perth to:			
Auckland	610	5332	(3313)
Rarotonga to:			
Auckland	440	3013	(1872)
Honolulu	555	4730	(2939)
Nadi	340	2412	(1499)
Papeete	145	1142	(710)
Seoul to:			
Auckland	1135	9639	(5989)
Brisbane	940	7720	(4797)
Nadi	1000	8108	(5038)
Singapore to:			
Auckland	1000	8404	(5222)
Bangkok	210	1443	(897)
Christchurch	1010	8400	(5220)
Denpasar/Bali	230	1678	(1043)
Sydney to:			
Auckland	255	2159	(1342)
Bangkok	950	7538	(4684)
Christchurch	250	2124	(1320)
Los Angeles	1330	12053	(7489)
Wellington	300	2226	(1383)
Taipei to:			
Auckland	1110	8884	(5520)
Brisbane	855	6758	(4199)
Tokyo to:			
Auckland	1025	8831	(5487)
Christchurch	1110	9387	(5833)
Nadi	830	7111	(4419)
Toronto to:			
Honolulu	950	7465	(4639)
Vancouver to :			
Honolulu	540	4350	(2703)
Wellington to :			
Apia	430	3313	(2059)
Brisbane	345	2509	(1559)
Melbourne	355	2590	(1609)
Nadi	340	2631	(1635)
Sydney	335	2226	(1383)

GREENLAND
ICELAND
Reykjavik
Keflavik
Akureyri
Vatna Jokull
CANADA
Hudson Bay
Edmonton
Saskatoon
Calgary
Regina
Winnipeg
VANCOUVER
Vancouver Island
Seattle
ROCKY MOUNTAINS
UNITED STATES
San Francisco
Denver
LOS ANGELES
San Diego
Pawnee City
Kansas City
Chicago
Lake Superior
Lake Huron
Lake Michigan
Lake Erie
Lake Ontario
TORONTO
Montreal
New York
Washington D.C.
Atlanta
Bermuda
Gulf of Mexico
MEXICO
Mexico City
BAHAMAS
CUBA
DOMINICAN REPUBLIC
Santo Domingo
PUERTO RICO
San Juan
Caribbean Sea
Port of Spain
TRINIDAD & TOBAGO
PANAMA
VENEZUELA
Bogota
COLOMBIA
Equator
BRAZIL
Lima
BOLIVIA
Rio de Janeiro
Sao Paulo
Tropic of Capricorn
ARGENTINA
Santiago
URUGUAY
Montevideo
Buenos Aires
Falkland Islands
Stanley
Pitcairn Island
Easter Island
APEETE
ATLANTIC OCEAN
SOUTHERN OCEAN
Tropic of Cancer
UNITED KINGDOM
North Sea
Edinburgh
Glasgow
Manchester
Birmingham
LONDON
Rotterdam
Berlin
GERMANY
FRANKFURT
Prague
Paris
Zurich
Berne
AUSTRIA
FRANCE
SWITZERLAND
Madrid
SPAIN
PORTUGAL
Valencia
Rome
Mediterranean Sea
NORWAY
SWEDEN
Stockholm
NIGERIA
KENYA
ZIMBABWE
Johannesburg
REPUBLIC OF SOUTH AFRICA
Cape Town
135
120
105
90
75
60
45
30
15
West from Greenwich
0
East from Greenwich
15
30
Operated by Air New Zealand aircraft
Shared services not operated by Air New Zealand aircraft

Anhang

Die Cook Inseln im Südpazifik

Ein Teil Polynesiens nenn man die Cook Inseln nach einem ihrer Entdecker, Kapitän James Cook, der 1773 zuerst das Atoll Manuae sichtete.

Die Cook Inseln bestehen aus 15 Inseln, die südliche Gruppe: Rarotonga, Aitutaki, Mangaia, Atiu, Mauke, Mitiaro, Manuae und Takutea, sowie die nördliche Gruppe: Palmerston, Penrhyn, Manihiki, Rakahanga, Suwarrow, Puka Puka und Nassau.

Ihre Einwohnerzahl liegt bei etwa 18000 Polynesieren, wovon ca. 50 Prozent auf der Hauptinsel Rarotonga leben. Die südliche Gruppe besteht vorwiegend aus Inseln vulkanischen Ursprungs sowie emporgehobenen Korallenriffen, Makatea genannt, mit einem nur schmalen Lagungensaum, die nördliche Gruppe dagegen aus reinen Atollen, auf deren versunkenen Kraterrändern im Laufe der Jahrtausende ein die Lagune umschließendes Korallenriff wuchs.

Rarotonga, die größte der Inseln, besitzt eine Landmasse von 25 Quadratmeilen und ihre Küstenstraße ist 32 Kilometer lang. In ihrer Mitte reichen die Bergspitzen bis zu 600 Meter hinauf. Im Hochland wachsen tropische, immergrüne Wälder, in den Tälern breiten sich Obst- und Gemüsegärten aus.

Ein internationaler Flughafen wurde 1974 gebaut. Die lokale Fluggesellschaft „Air Rarotonga" versorgt regelmäßig die meisten der Außeninseln.

Früher zu Neuseeland gehörend, erhielten die Cook Inseln 1965 ihre Selbstständigkeit. Noch heute besitzt jeder Cook Insulaner einen neuseeländischen Reisepaß, die Währung ist der Neuseeland-Dollar.